카르마의 비

심지시선 020

카르마의 비

2012년 12월 10일 초판 1쇄 발행

지은이 김석교
펴낸이 윤영진
편 집 함순례
디자인 한천규 이경훈
펴낸곳 도서출판 심지
등록 제 253호
주소 300 -812 대전광역시 동구 삼성동 125-2 4층
전화 042 635 9942
팩스 042 635 9941
전자우편 simji42@hanmail.net

ISBN 978-89-6627-036-1 03810

* 이 시집은 제주문화예술육성사업 지원금의 일부를 지원받았습니다.

심지시선 020

카르마의 비

김석교 시집

심지

□ 시인의 말

당혹의 연속이었던 몇 년의 심상을 차분히 들여다보고 싶었다. 전생은 내 알 바 아니로되 현생의 죄는 숨길 수가 없다. 그래서 가냘프게 속죄의 시업을 붙들고 있지만 오히려 죄는 쌓여만 간다. 나의 카르마가 버거운 탓이다.

물질이 분해될 수 있다는 건 얼마나 다행한 일인가. 분해되어 최소단위로 돌아가면 순환의 법칙에 따를 수 있다는 그 사실이 진정 날 위로한다. 어느 흐린 날 조용히 구름입자에나 끼어 떠도는 꿈을 꾼다.

2012년 초겨울

김석교

차례

제3부

제1부

가지 못한 길

가야 할 길이 있다
옆자리는 늘 비어 있다
올 때처럼 갈 때도 약속은 없다
차례가 되면 조용히 일어나
문밖으로 나갈 뿐
갈림길 언저리만 가도 충분하다

너무 오래되면 그리움은 호흡이 되고
너무 오래되면 기다림은 발길이 된다
바람 속 먼지로 날리기 전
가야 할 길이 있다

궁극의 여행

흐린 추녀 끝 낙숫물 소리
밤 들판을 흐르는 기차 불빛
어깨를 툭툭 치며
우르르 쓸려가는 낙엽떼

집 떠나 타박타박 시골길 걷다
아무 곳에서나 쓰러지면
이름 모를 행려자가 되는
여행의 끝을 기다린다

조문객은 풀벌레와
구름과
바람이면 족하지 않은가

김밥에게 묻다

손에 잡히는 재료 아무거나 늘어놓고
김으로 둘둘 말면 어쨌든 김밥이듯
잡것으로 살면서도
아직도 무슨 미련 남았는지
속 재료로 무얼 더 넣고
얼마나 더 꽉꽉 말아야
윤기 자르르 맛있는 김밥 되겠냐고
김밥을 먹으며
김밥에게 물어본다

너무 약하다

나이 먹을수록 생각의 힘이
약해지는 걸 절감한다
짧은 가방끈, 낮과 밤이 다른 이중고,
도무지 내가 뭘 하는지 알지 못하는
것 때문이라 생각했다

그게 아니었다
책 읽지 않고 대화하지 않은 죄,
놀러 다니지 않고 인터넷만 한 죄,
혼자 술 마시고 남을 미워한 죄,
무엇보다도 절망하지 않은 죄,
그 때문임을 뒤늦게 생각한다

가늘고 길게라도 살고 싶지만
절망의 힘이 너무 약하다
그리하여 생각의 힘이 너무 약하고
불끈, 내동댕이치는 힘이 너무 약하다

네가 날씨라면

사월이 와도
날씨가 얼었다 풀렸다 하네

눈비 오면 산을 보고
바람 불면 바다를 보고
별 나는 날 사람을 보네

너는 너를 날씨라 하지만
나는 나를 먼지라 하네

못을 박으며

못은
박히기 위해서든
뽑히기 위해서든
온몸으로 아파야 한다
쓸모없이 버려진다 해도
하다못해 신발이나
바퀴라도 뚫고 빠지며
숙명에 충실해야 한다

값싼 액자라도 하나 걸려야
벽이 벽다워지고
집이 집다워지듯
우리에게도 너의 타성과
나의 타성을 이어주는
못과 같은 그 무엇 있어야 한다

박히느냐 뽑히느냐
못의 운명을 결정짓는 장도리와

장도리를 쥔 나의 손은
그래서 순리의 역행이고
역행의 순리이다

지금 나는
못인가
장도리인가
그 둘을 잡은 손인가

문자

25주년 결혼기념일 날
두 아들에게
자식은 부모가 있어서 태어나고
부모는 자식이 있어서 거듭 난다고 썼다

재와 티끌과 먼지

우울의 재에서 시가 탄생하고
인연의 티끌에서 사랑이 탄생하고
먼지의 우주에서 별이 탄생한다

잿빛 우울로 태어나
티끌의 인연으로 사랑하다
우주의 먼지로 돌아간다

나의 시는 우울이다
나의 시는 인연이다
나의 시는 먼지다

저문 산에 앉아

벌레는 태어나서 죽기까지
이파리 석 장이 필요할 뿐이다
한 잎에 탄생, 한 잎에 성장, 한 잎에 번식
잎 위에 희미하게 빛나는 자국은
미련하도록 걸어간 필생의 족적이다

보이지 않는 곳에서
사랑하거나 증오하던 사람도
가끔 그 흔적이 보일 때가 있다
저문 산에 캄캄히 앉아있노라면

조르바 일기_1

자오선의 태양이 머리 위에 멈춘 대양의 한낮
배는 바다 가운데서 움직일 줄 몰랐다
선장은 술병을 돛대처럼 물었다
물고기 살을 파먹을수록
선원들은 얼굴이 죽어갔다

갈증에 허덕이는 눈꺼풀 위로
문득 차가운 기운이 느껴진다
누가 날 떠민 것일까
나는 꽃잎만큼의 힘도 없이
물속으로 떨어진다

항구에서 독주를 마시고
창녀들과 뒹굴고 있을 시간
어린 아들이 이부자리에 오줌을 지릴 시간
바로 그 시간
바다는 나를 와락 껴안았다

꾸역꾸역 물숨을 들이키는 순식간에
나의 전 생애가 필름처럼 돌아갔다
바다에 내 몸을 내어주며
나는 사람 없는 섬에서
백골의 계절을 보냈다

조르바 일기_2

어느 날 그들은 다시 그 바다를 지나다
나의 섬으로 다가왔다
그들은 보았다, 버려진 백골
뼈 속까지 파고든 칼자국
알 듯한 그 표식

그러나 아무 일 없다는 듯
그들은 배를 끌고 사라졌다
물고기가 모래알을 가볍게 내뱉듯
말없이 구덩이를 파고
모래이불을 덮어주었을 뿐

바다에서 태어나 바다에서 죽고
홀로 무인도에 살고 있는
내 영혼의 무인도 엘레지

죄와 벌

그는 천상과 지상의 중간쯤
구름으로 머물다
눈이 되어 내려왔다

까마득한 높이에서 주저 없이
낙하하는 그를 올려다보며
나도 모르게
내 죄 너무 크다고 고백했다

뺨에 붙자마자 녹아 흐르는
차가운 눈의 눈물
이제 용서한 것인가, 친구

중력과 척력

끌어당김을 중력이라 하고
밀쳐냄을 척력이라 했던가
끝없이 밀고 당기는
그대와 나
이 몹쓸 무한대의 그리움

카르마의 비

저 회색구름 슬프고
억울했던 이
저 노을구름 기쁘고
행복했던 이는 아닐까
먹구름은 머리 위에 낮게 깔리고
순백의 구름 이상처럼 까마득하다

삼업의 죄를 오늘도 짓고 있는
전생구름과 현생구름의
뜨겁고 어두운 이합
싸늘하고 거친 집산

생각여행자의 꿈뿐인 머릿속
나는 아직도 길을 내지 못한다
더는 시간이 없다고 벼락 치며
세차게 쏟아지는
카르마의 비

트럭에 싣다

길 가다 하얗고 작은 트럭 보이면
저절로 발길 머문다
저런 차 몰고 한 십년
옷장수나 해볼까
소금땀에 전 중년내외 새 작업복
장가 못간 노총각 정장
노인네 부부 한겨울 따순 누비내복
코흘리개들 만화 그려진 티셔츠 싣고

행상트럭 몰고 길나서면
쇠처럼 굳어진 마음덩어리
새 바람에 풀어나질까
하얀색 1톤 트럭만 보이면
늘 멈춰 서서 꿈을 싣고 내린다

팔자

8자에는 0부터 9까지
모든 숫자가 들어 있다
눕히면 무한대
세우면 천지의 접속
8자 속에선 우주가 움직인다

누군가 나한테 팔자가 펴졌다는 말은
그 기막힌 8자가 틀어져 버렸다는
욕이란 걸 알고나 하는 말일까

편지

북풍이 올 때마다 내 몸의
무수한 창문 들썩거린다

지난해 그대 다녀간 길이
높은 위도의 겨울로 오고 있다

산 첩첩 골 첩첩 변함없이
북풍 눈보라 몰아치는 올해도

내 마음 읽었는지
가슴 한 켠에서 그대가 밝아온다

할머니와 속눈썹

속눈썹 하나 눈우물에 빠졌다
길어 올릴 두레박도 없고
물 채운 세숫대야 바닥에다
수없이 윙크만 해댄다
벌겋게 부은 눈두덩
부기 여전히 가라앉지 않을 때
돌아가신 외할머니 말씀 떠올랐다
'아맹 족은 것도 달래사 말 들은다'
결국 울고 나자 속눈썹이 화를 푼다
할머니 아직도 속눈썹 꺼내주고 계시다

합정에서 송정까지

이 풍진 세상 한 바퀴 돌아
우리 합정에서 만나자
한때 우물가였을 그곳
세상 떠돈 이야기보따리나 풀어보자
절름발이 비둘기 삼남매와
너와 나의 갈라진 발바닥이
다르지 않음을 눈 여겨 보며

오늘 하루만 쉬고 일 년을 하루인 듯 길 떠나자
헤어지는 사람들로 넘치는 송정까진 열두 정거장
한 정거장 한 달씩 일 년만 같이 걸어보자
헤어지기 아쉬우면 일 년만 더 걸어보자

아니다, 합정에서 만나
남은 생애를 한 바퀴 돌고
송정에서 헤어지자
눈에선 눈물,
발에선 발물, 홍수 터질 때까지

허리

강원도 묵호항 수협 위판장
앉은 채로 오징어 배만 가른 지
40년 된 아줌마는
허릿병 한 번 안 나는데
의자에만 앉은 20년
척추에 골바람 드는데

혈류와 혈뇨

그대와 혈류하기 위해
날마다 심장에서
심실 한 칸씩 지어진다
그대와의 혈류가 막히면
나는 혈뇨로 허물어질 것이다

제2부

관계

이탈리아인 밥퍼 신부는
노숙자들 위해
십 수 년째 밥을 푸며
하느님이 주신 앞치마가
내게 가장 어울리는 옷이라고

백혈병 말기 일곱 살 정혜는
교통사고로 실명한 옆 침대 아저씨에게
나 수술 받다 하늘로 가면
아저씨 눈 돼서 아저씨랑 결혼할 거라고

다시, 운동화다

너의 낡은 운동화는 여전히 함성적이다
네 입처럼 벌린 입을 다물지 못한다
팔칠년 유월 뜨거웠던 거리
쉰 목과 헤진 운동화를
오늘 강정에서 떠올린다

국민을 섬김은 개뿔
돼지먹이로나 줘버려라
야만의 현장에서
너는 다시 연약한 희망의 불을 켠다
가슴에서 가슴으로 댕겨진 불이
중덕바당을 찬란히 밝히고
구름비 너럭바위 틈으로
할망물 생명의 물을 샘솟게 한다

즐거운 저항 넉넉한 수난
사랑과 평화 넘치는 살림의 행진
더욱 장렬해진 목소리와 운동화들의

절박한 행진을 다시 본다
오늘은 사월 삼일이다

담배에 관한 추억

당신은 지금도 사진 속에서
빙긋이 웃고 있지만
촛불만 세상에 남겨둔 채
말없이 담배 한 대를 피고는
주저 없이 뛰어내리더군요
나 그래서 담배 못 끊는가 봅니다

어둡기 만한 날은 없는 법이지요
꺼졌던 촛불들 되살아나며
마침내 수백만의 꽃잎들이
당신을 밝히기 시작하더군요
다들 바보처럼, 누가 시키지 않아도
그래서 나 여전히 담배를 끊지 못합니다

데자뷰

삼층 베란다에서 보면
가로등이 아래 있다
오가는 사람들 자주 보인다
오늘은 두어 살짜리가
인도와 차도를 아슬아슬
장난치며 넘나든다
부모는 어디에……?
삼십 미터쯤 뒤
엄마가 스마트폰에 눈을 박고
입으로는 연신 아이를 부르고 있다
부르는 소리 아랑곳없이
아이는 삶과 죽음을 왕래한다
며칠 전 중국에서 서너 살짜리
엄마 한눈 파는 사이 차바퀴에 깔리는
영상이 자꾸만 꾸물꾸물 피어올랐다

불완전에 대하여

새삼스럽다 우리 몸
한국 사람들 좋아하는 상하
좌우가 제대로 골고루다

좌우 뇌
좌우 눈썹
좌우 눈
좌우 귀
좌우 콧구멍
좌우 이빨
좌우 볼따구니
좌우 팔다리
좌우 손발
좌우 갈비뼈
좌우 엉덩이

하나뿐인 머리, 하나뿐인 오장육부, 하나뿐인 생식기는

불균형해서 균형을 꿈꾸는 가장 불완전한 곳
얼마나 놀라운가 우리 몸

시간은

시간의 얼굴은 변화라는 친구의 말도 틀리지 않았지만

시간의 얼굴은 돈이라는 노래방 주인 말도 틀리지 않았지만

시간의 얼굴은 바람과 풍차의 관계라는 내 생각도 틀리지 않길 바라지만

신제주

홍도룸

신탐라단란주점

앙드레김골프

디즈니골프

왕과비단란주점

그랜드안마시술소

단란주점센스

영상기념품할인마트

파랑새의원

그 사이

경이네옷수선전문

애 쓰린 밤

날 보고 싶거든 사진을 보고
나에게 말하고 싶거든 바람에게 전하거라*

한국에 시집 온 태국 신부의 어머니는
십 수 년 만에 딸을 만나고
다시 못 볼 지도 모를 작별을 했다

나는 누구에게 내 말 전하지 못해
이렇게 애가 쓰리나

* KBS '러브 인 아시아' 를 보다가

애월에서

외도 쌍다리 건너 자운당 지나
물가에 달그림자 어룽대는 애월

휴일 한낮 넘실대는 찌 따라 꾸벅 졸다보면
낚시꾼 곁을 지키던 바다찌꾸리
수신호로 채라, 채라, 보채던 마을

고내오름 바라보면 누군가 부르는 손짓
그 너머로 쌍무지개 걸리자
온 바다 후리던 어부도
어망을 깁다 물고기처럼 졸고 있다

산그늘에 누우면 떠오른다
걸어온 길도
걸어갈 길도 기억나지 않던
한 시절의 속 쓰린 어스름이

여백

더위가 채 가시지 않은 구월
구미역 뒤 공사장 그늘막
한복 입은 채 길바닥에 앉으신
할머니 한 분
수줍은 듯 어색한 미소
곱게 늙으셨다
낙엽 같은 천 원 한 장
아이고 기양 가시지 않고예
복 받으실 깁니더 선생님,
과분한 복에다
낮술 마신 듯 가을볕 불콰한 오후
금오산 산정엔 불긋불긋
떼단풍 쳐들어왔나보다

영관이

이박삼일을 마시고 걸어도
친구는 말이 없다
지나간 시간 속의 얘기는
추억의 빗질일 뿐
절반은 경상도 여인이 된 아내와
온전히 경상도 소년인 아들과
여전히 제주 사내인 친구의
머리칼 위로
소슬히 가을바람 분다
제주해협 멀기만 하다

외포리 먼지 노래방

해산달 가까운 초가을 들녘
한 색깔로 동시에 물드는
아름다운 변화
다가올 시간보다
지나온 시간을 더 기다리는 외포리로
행상트럭을 몰고 간다
선 채로 메마른 몇 줄기 강아지풀

늙은 차부슈퍼 이층
컴컴한 계단 올라서면
샹데리아 대신 드리워진 먼지 거미줄
파리와 모기와 바퀴벌레의 속삭임
허리를 반쯤 꺾어야 들어서는 화장실

할머니 가객 서넛 마이크를 잡고
거미손님 모기손님 쥐손님과 더불어
새우젓 짠 내음 속
흘러간 노래 부른다
가을 외포리, 먼지 노래방

유리 세상

본관과 별관을 잇는 이층 터널 유리벽에
유리가 뭔지 모르는 새들이
자꾸 머리 부딪혀 죽는다
어느 날엔 동박새 세 마리
어느 날엔 깍두기머리 직박구리 한 마리
파들파들 떨다 눈도 못 감은 채
두 다리 쭉 뻗고 마는 건 순식간이다
오늘도 새들은
생사의 경계를 위태롭게 날고 있다
오늘은 수능일
비상하고픈 아이들이 목숨 거는 날
세상은 속이 안 보이는 반사유리창이다

장마, 다시 물 넘는 마루

물 밖으로 기어오르는 벌레를
마루 끝에서 발 끝으로
킬킬거리며 찍어 누르는 아이들
뿌리째 뽑혀 흘러가는 꽃 바라보며
그의 몸속에서 울부짖고 있을
씨앗을 생각한다

장마, 성천포엔 꿈이 없다

성천포星川浦 사람들
장마 지면 베릿내로 모여든다
솨르르르르
별빛 흘러내리는 고향에 오면
초저녁부터 고단한 잠의 폭포수 쏟아진다

등 붙여 꿈꿀 잠자리 사라져 없고
관광객처럼 꿈도 없이 하룻밤
이내 새벽바람 타관 향해 돌아선다

성천포에만 오면 성천포 사람들
떠나던 그날 밤 눈에 박힌 별 조각이
아직도 눈물 속에 그렁그렁 빛나고 있다

제르미날*

시작이 패배를 예감할 때
제르미날을 다시 본다
승리를 위한 패배는
새로운 배아를 잉태하고
씨앗은 저 홀로 내일을 기약한다

수탄처럼 질퍽질퍽 솟구치는
생의 젖은 지층으로 돌아가면
패배의 황무지를 날아오르는
빛나는 종달새의 날갯짓

오늘 이곳에
살아 있어야 할
유일한 이유

* 제르미날 : 프랑스의 작가 에밀 졸라가 1885년 발표한 세계 최초의 장편 노동소설. 1993년 끌로드 베리 감독이 동명의 영화로 제작한 바 있다.

투표는 객관적 주관식 문제다

목감기 잘 걸려 목티를 샀더니
이 놈의 목티 탄력도 좋다
아무리 당겨도 원위치하는 바람에
감기 걸린 목보다 더 숨이 가쁘다
여우를 피하려다 호랑이 만난 꼴이다
그러니 잘 골라야 한다
찍어놓고 목 졸리지 않으려면

판단과 기준

소나무와 덩굴의 관계는 무엇일까
그는 왜 소나무를 감고 올라가는
덩굴의 오랜 밑동을 잘라버리는 걸까
그에게 그럴 권한이 있는 걸까
그 둘이 더불어 사는지
소나무 혼자 괴로워하는지를
그는 어떤 기준으로 판단할까
생각에 잠긴 사이
그의 손에 들린 톱날이
허공을 갈랐다

프로메테우스의 성냥

— 인간이 프로메테우스에게

그대는 성냥불 장난이 재미나
성냥갑이 다 비도록 켜댔다

그대의 성냥알이 다 떨어지면
이윽고 어둠은 다시 우릴 노려보았다

우린 주저함 없이
상상의 성냥불을 켜고
부싯돌을 만들었다

사실 그대는 성냥불이 켜지는 순간의
폭발적 오르가즘을 즐겼을 뿐이다
신의 성냥을 훔쳐 불장난을 한 것뿐이다
그렇지 않으냐

프로메테우스의 눈물

— 프로메테우스가 인간에게

1

어느 날 제우스가 내게 내민 것은
붉은 포도주, 불타는 신비였다
그때까지 나의 눈물은 무색투명한 소금물

신들의 왕, 그의 손바닥에 눈동자가 이글거렸다
나는 알 수 없는 힘에 사로잡혀
한 남자와 한 여자를 몸 밖으로 꺼냈다

영혼의 나비 한 마리 코 끝을 스칠 때
너희는 직립보행으로 일어섰으므로
눈물은 땅으로 흐르고
웃음은 하늘로 향하고
사랑은 세상으로 퍼져라

2

천지에 수없는 생명의 혼불 떠돌 때
증오와 혼탁, 융합과 분열의 불온한 기쁨에 들떠
폭력의 커튼 뒤를 코카서스의 독수리 날아든다

나는 너희로 하여 분노의 바위기둥에 묶이고
삼천 년을 어둠의 독수리에 쪼이고 파먹혀
매일 매일을 죽고 살아났으니

오늘 어둠의 날개와 부리를 찢고
발톱을 뽑아 권력의 먹이로 던지리라
나는 지평선을 달구는 태양의 불로
끝없이 일어서며 해방을 선포한다

3

안락을 꿈꾸는 동안 나 존재하지 않았으리
쇠사슬이 나를 지배해도 저항으로 사는 동안
암흑의 심연에서 잉크로 내 머리를 감기던 자

광명을 폭력으로 변질시켜 놓은 자 누구인가
이제 다시 영원한 암흑을 불러오리라

붉은 피로 죄의 손을 물들인 인류여
매 순간 간이 파이던 위대한 고통이
순결한 저항의 혈관을 뛰게 한 뜨거운 존엄이었음을
긍휼의 뜻으로 인간을 사랑한 위대한 배반이었음을
아직도 깨닫지 못하는 악의 자손들이여

너희를 벌하고자 나는 사슬의 옭죄임과 칼부림의 복수,
목마른 사막과 불타는 태양에서 스스로 나를 해방하였으니
나는 우주의 영혼, 인간의 숨결, 신의 호흡이다
나의 부활로 불사조 한 마리 날아오르면
우주는 타임 블랙홀에 빠지고
지구는 용솟음치는 불길 속에 갇히고 말리라

해녀 삼대

순덱이

순덱이,
싸웠다 하면
절대 지지 않는다
불리하면 물러섰다 다시 대든다
평생 그 반복이다
결국 이기고야 만다
망사리엔 바다의 전리품 한가득

순덱이 어멍

순덱이 어멍
생래적으로 두통에 시달린다
좀네〔潛女〕 유전자 때문이다
물에 든 지 사십 년
서방한테서

건질 게 무어 있다고
오늘도 그 마음밭 돌 고르며
쌍돛대 무레질인가

순덱이 할망

"게매, 그 할망
못 솜지던 밥도 그날은 숭시 같이
배가 봉그릇허게 먹어라게
술광질다리 아덜도 다신 술 안 먹켄
해가 서쪽에서 뜰 말 고르곡."

"게매 말이우다,
밥만 먹어지민 동네방네로
터져 돌아댕기던 손지애기도
그날은 얌전히 학교 가랜 헙디다."

"것 뿐이우꽈,
빌려줘난 돈 받을 생각도 못 해신디
이자까지 붙언 술술 잘 들어와랜,
오늘만 닮암시민 진짜 살맛 나켄
순덱이 할망 경 좋아해여라마는……."

"마른 하늘에 거 무신 날베락인고 마씀?
멀쩡허던 그 할망 바당에서 못 나올 줄
누게 짐작이나 해여수꽈?"

"아이고, 경허젠 허난 그거로구나
경 숭시 나젠 허난
경 잘 풀렸구나게
아이고 아이고……"

제3부

돌의 노래

어느덧 우리 둥글어졌다
끝없이 밀고 궁굴려준 덕에
어깨 부딪고 부비며
긴 세월 다툼과 상처 속에서
어느덧 모서리는 닳아지고
모두가 둥글둥글 순해져
이제는 부딪는 게 오히려 즐겁구나
고맙구나 몽돌해변의
파도야

무지개

만화영화에 나오는
총천연색 곡사포가
동쪽 수평선 위에
아름다운 반원을 그린다
황홀경에 취하다보니
서쪽 하늘에서 다시
구름떼가 몰려온다
사는 게 꼭 칼라만화 같다
신이여
오늘은 땅 위에서 장난치고 싶으십니까

물매화

잊진 말아줘
언젠가 우리
누렇게 풀죽은 풀섶에서
눈 마주쳤음을

다시 만날 때 안 되었어도
가슴에 피어오르는 말 한 마디
모른 체 하진 말아줘

알고 있을 거야
네 발치에 눈 내리면
내 눈에도 눈 내리고 있음을

어느 날 네가 찾아와
나 여전히 흔들리고 있으면
이제 평화로이 떠나려 한다는 걸
부디 기억해줘

바그다드 카페 *

먼지바람 이는 사막에
카페 하나
희망 없는 사람들이여 오라
사막은 마음에도 있으니
사막에 비 내리는 날 만나자고
오늘도 독일 여인 야스민에게
편지를 쓴다

* 동명의 영화에서 제목을 따옴.

봄길에서

햇봄 꼭두서니에 피어나
갓난아이 살냄새 풍기는
길상사 담벼락 영춘화
물애기 볼 같은 노란 꽃잎들이
연둣빛 이파리 손 끌어다
늙은 어미 얼굴 어루만진다
바람 속에도 새 바람이 있을까
몸 안에도 새 몸이 있을까
오늘 태어나는 모든 것들과
늦었어도 길 나서는 사람은 행복하다

올챙이 봄

오리온성운에서 태어난 아기별들에 꼬리가 달려 있어 우주올챙이란 이름이 붙었다

물웅덩이에서 꼬물거리는 올챙이들 하나하나가 아기별로 보인다

일찍 봄을 느껴보려 산야를 쏘다녔지만 봄은 보이지 않았다

겨울바람에 속절없이 떨던 물매화 한 송이

한낮에도 별처럼 빛나던 그 작은 물매화 속에 먼저 온 봄이 떨고 있었다

외도교 건너며

도근내와 외도바다 만나는
짠물과 단물의 길목
지금은 새로 들어선 외도 쌍다리
다리 옆 사라진 이발소
하얗게 거품 일구던
아저씨는 어디로 갔을까
먼 수평선에 무지개 궁륭 걸리는 날
까치놀에 젖어 눈자위 붉은 한라산정
봄이면 은어새끼들 오르내리며
물수제비 폴짝거리던 그 다리 아래
오늘밤 파도는 면도거품을 바른다

용담꽃

가을빛에 새파랗게 잠긴
가을빛에 새파랗게 질린
가을빛에 새파랗게 들뜬

이슬

봄 들판

가득 덮은

유목인의

아침 식사

들짐승도

풀벌레도

함께 빠는

하늘의

젖

입동

저문 가을날
바람 한 점 없어도
떨어지는 나뭇잎은
잠들기 전의 뒤척임만은 아니리
저녁 여섯 시 절집 종소리
내 사랑 단칼에 목 잘려
오늘 멍멍히 빈 산 바라기
산문 앞에 서성거리는
이름 모를 길손 하나

잉태_1

흡월귀가 되어
정월보름에서 섣달보름까지
열두 개의 보름달을 삼키고
목숨 하나 심어볼거나
이듬해 팔월대보름 이르러
담이라 이름 지은 팔삭둥이
딸 하나 얻어 볼거나

달빛 창연히 밝아오는 몸속으로
먼 바다를 돌아온 필생의 바람 분다

다음 세상 첫 대보름 밤이면
여자로 태어나
아름다운 아들 잉태할
달을 마셔볼거나
흡월귀가 되어

잉태_2

하늘과 바다가 뱃가죽을 맞댄 수평선
일직선의 칼금 위로 섬뜩, 푸른 피 돋는
먼 옛날의 예언처럼 배 한 척 솟아오른다

착시

지금 네가 보고 있는
지상의 모든 스카이라인은
사람이 그린 그림이 아니다
하늘이 그린 그림을
거꾸로 보고 있을 뿐

추분

벌초 끝나자
높새가 북새로 바뀌었다
여름내 거리를 맴돌던 사람들
세상 밑으로 가라앉는다

저 산 저 바다는 아직 안개 속
혹시 저 안개가
가을을 잉태한 것인가

추분이 돌아오면
가을과 질탕히 교접하고
한바탕 추문이나 낳아볼까

햇참기름 냄새 코시롱한 추석
그 해 추분은 추석 뒷날이었다

춘래불사춘

삼월이 와도
눈비날이 해날보다 많다
사월이 와도 바람이 먼저
채 피지 않은
꽃봉오리를 흔들어 떨어뜨린다
봄을 맞이하기가 그리 쉬운가
희망을 품기가 그리 쉬운가

킬 힐의 詩

바닷가 돌 틈 여기저기
바닷게들 파도 뒤집어쓰며
발톱 세워 걷는다
바위 위에 새겨진 상형문자는
바닷게들의 킬 힐이 남긴
짧지만 험난한 필생의 시다

세상의 물결 아랑곳없이
새파란 여자들 도심을 누비며
날카로운 수직 본능으로
보도블록 위에 또각또각
킬 힐의 시를 쓴다
도도하고 팽팽한 긴장으로
아름답다 눈부시다

텅 빈 모니터 위에
또닥또닥 찍히다 지워지는
허망한 돋을새김의 시도

알고 보면 쓸쓸히 풍화되는
킬 힐의 자국이다

톺아보세

내 여직 누굴 애타게 찾아
바깥세상을 톺아본 적 없네
누가 나를 톺아보지도 않았네

그대 마음 배배 꼬아
삼을 찢고 톱으로 누르고 벼리며
부드럽게 훑어본 적 없네

어느 날 구름 몰고 가던 바람이
산기슭에 닿아 몇 번 숨고르기를 하자
나뭇잎들 일제히 하늘을 향해 손짓하네

누군가를 무언가를 애타게 톺는 것은
저렇게 간절한 모습이어야 한다고
일어설 채비를 하는 나에게 바람이 전하네

산다는 것은 행복하기 위해
세상을 톺아보는 것이라며

* 톺다 1 : 샅샅이 더듬어 뒤지면서 찾다.

* 톺다 2 : 삼〔麻〕을 삼을 때 짼 삼의 끝을 가늘고 부드럽게 하려고 톱으로 눌러 훑다.

크거나 혹은 작거나

일천 억의 별을 가진 성운
일천 억이 모여
우주를 이룬다는 걸
아는 나는
얼마나 거대한가

일천 억의 꽃이 모여
일천 억의 새 세상 만드는
지구의 풀밭에서
한 세상도 못 만드는
나는 얼마나 작은가

폭우

능소화는 철조망에 신발이 걸려 발바닥이 찢겼다
수국은 쇳빛으로 낯이 변한 채 목울대를 들썩인다
꽃 진 상사화만 앙상한 댓살로 봄을 버티고 있다

푸르른 달빛

내 어느 날 쓸쓸히 수심에 잠겨
머리칼 밤이슬에 찰찰 헹굴 때
날새들 깃 풀어 잠들어 있었네

옷자락 펄럭이며 찬 빛 뿌리며
서녘으로 걸어오는 도저한 그댈
차마 마주할 수 없었네

이 밤 발 헛디뎌 천길만길
눈부시게 다가오는 새 세상이여

무한천공에 영혼들의 목소리
떼새 깃 말리는 새벽녘까지
푸른 얼굴의 그대가 따라오고 있었네

해무의 날

해무가 밀려오는 날은
산등성에서도 갯내음이 난다
물새 한 마리 날지 않는 날이 있다
안개에 덮여
바다가 쉬는 날이다
그런 날은 풀내와 갯내
어우러진 산길에서도
지독한 그리움의 냄새가 난다

해설

무간지옥에서 보내는 생의 한 시절

해설

무간지옥에서 보내는 생의 한 시절

홍기돈(문학평론가, 가톨릭대학교 교수)

1. 재와 티끌과 먼지의 시론

시란 무엇인가. 백인백색 답변이 다양할 터인데, 김석교는 자신의 시를 우울이자 인연이며 먼지라고 규정하고 있다. 〈재와 티끌과 먼지의 시론〉에 입각하여 펼쳐지는 이런 견해는 동명(同名)의 시 「재와 티끌과 먼지」에서 전면적으로 등장한다. “우울의 재에서 시가 탄생하고/ 인연의 티끌에서 사랑이 탄생하고/ 먼지의 우주에서 별이 탄생한다// 잿빛 우울로 태어나/ 티끌의 인연으로 사랑하다/ 우주의 먼지로 돌아간다// 나의 시는 우울이다/ 나의 시는 인연이다/ 나의 시는 먼지다" 1연의 각 행 마지막 진술이 탄생하고－탄생하고－탄생한다는 형식을 취하기 때문일까, 이 시는 낳는다는 표현의 연쇄로 이루어진 율곡의 『순언』 첫 구절을 환기시킨다.

"도가 하나를 낳고, 하나가 둘을 낳으며, 둘이 셋을 낳으니, 셋이 만물을 낳는다."[1] 변화[易]로서의 태극(太極)에서 홀수인 '양(陽)=하나' 와 짝수인 '음(陰)=둘' 이 차례로 생기고, 양과 음이 합하여 셋이 될 때 만물(萬物)이 생겨난다는 의미다. 내용이 이와 직접 대응하지는 않으나, 「재와 티끌과 먼지」는 『순언』의 이런 인식 체계와 어느 정도 유사성을 보여주고 있다.

'우울의 재' 한가운데 자리를 잡은 시인의 존재가 하나[一]라면, 사랑이 펼쳐지는 존재와 존재 사이[二] '인연의 티끌' 은 하나와 둘의 합[三]이 될 터, 이로부터 만물(萬物)의 순행에 값하는 우주/별이 탄생할 것이기 때문이다. 그렇지만 『순언』과 「재와 티끌과 먼지」는 크게 다를 수밖에 없는데, 전자가 존재의 만물생생(萬物生生) 측면에 초점을 맞추고 있는 반면 후자는 결국 '우주의 먼지' 로 소멸해버리고 마는 양상이 그러하다.

---

1) 李珥, 『醇言』, 驪江出版社, 1984, 3쪽. 원문은 다음과 같다. "道生一ᄒᆞ고 一生二ᄒᆞ고 二生三ᄒᆞ고 三生萬物ᄒᆞ니"

〈재와 티끌과 먼지의 시론〉이 관심을 끄는 이유는 바로 이 지점에서 발생한다.

첫째, 시인은 어째서 구체적인 사물의 매개 없이 존재의 형식이라는 커다란 얘기를 펼쳐나가는 것일까. 김수영의 「연기」라든가 강정의 「들판을 달리는 토끼」 등을 보건대 시인이 자신의 시론을 전개할 때는 어떤 특정한 대상의 속성에 의탁하는 것이 일반적이며, 존재의 근원적인 존립 형식 그 자체를 시론으로 밀고나가는 경우란 희귀한 까닭에 생겨나는 물음이다.

둘째, 그런데 왜 시인은 만물생생의 변화를 극히 암울하게 인식하고 있는 것일까. 1연에서 탄생한 '시'와 '사랑', '별'이 결국 2연에서 모두 '우주의 먼지'로 귀결한 결과가 이를 보여주는바, 그러한 판단의 근저에 과연 어떤 힘이랄까 체험이 작용하는가를 생각하도록 이끈다는 말이다.

두 가지로 나누기는 하였으나, 기실 이 두 가지 물음은 하나의 뿌리에서 배태되었다고 해도 무방할 듯싶다. 두 번째 물음에서 제시한 체험의 강렬함이 임계점에 도달할 경우 첫 번째 물음, 즉 존재의 형식에 관한 비극적 성찰로 향하는 경우가 심심치 않게 발견되기 때문이다. 그러니 시집 『카르마의 비』는 〈재와 티끌과 먼지의 시론〉의 형성 과정을 좇으며 찬찬히 읽어나가게 된다.

2. 무간지옥에서 보내는 한 계절

『카르마의 비』 1부를 구성하는 어떤 시편들은 죽음-의식에 경도된 양상으로 펼쳐지고 있다. 여기서 삶이란 그저 죽음을 예비하는 무의미한 절차에 불과할 따름이다. "손에 잡히는 재료 아무거나 늘어놓고/ 김으로 둘둘 말면 어쨌든 김밥이듯" 시인에게 삶이란 그저 아무렇게나 흘려보내면 그만인 어떤 것이다(「김밥에게 묻다」). 그러니 시인이 죽음의 편에서 도저한 체념의 어조로 "집 떠나 타박타박 시골길 걷다/ 아무 곳에서나 쓰러지면/ 이름 모를 행려자가 되는 여행의 끝을" 기다린다고 이야기한대도 크게 놀랄 일은 아니다(「궁극의 여행」).

삶이 죽음의 기운으로 채워져 있다는 점에서 보자면 "나는 사람 없는 섬에서/ 백골의 계절을 보냈다"라고 전언이 펼쳐지는 「조르바 일기_ 1」, 「조르바 일기_ 2」도 같은 계열로 묶을 수 있다. 그러니까 ㉠ 이들 시편들은 살아있는 자신의 존재를 하찮게 여겨서 "나는 나를 먼지라"고 규정하는 내용으로 펼쳐지고 있는 셈이다(「네가 날씨라면」). 〈재와 티끌과 먼지의 시론〉에 나타나는 "우울의 재에서 시가 탄생하고"라는 진술은 이러한 계열의 시들을 가리키고 있다고 이해해도 별 무리가 없겠다.

그렇다면 ㉡ 〈재와 티끌과 먼지의 시론〉 가운데 "인연의 티끌에서 사랑이 탄생하고"라는 구절에 대응하는 시편들은 어떠한 것이 있을까. 그런 의식이 가장 분명하게 드러나는 시는 「문자」다. "25주년 결혼기념일 날/ 두 아들에게/ 자식은 부모가 있어서 태어나고/ 부모는 자식이 있어서 거듭 난다고 썼다". 먼저 한 남자와 한 여자의 만남이 있고, 이어서 부모와 자식의 관계가 제시되어 있다. 남자와 여자는 성별의 차이에 따라 일견 반대되지만[對], 하나의 관계 속에서 서로의 빈틈을 채워[待] 새로운 생명을 잉태한다. 서로를 (다시) 태어나게 한다는 측면에서 보자면 부모-자식의 관계도 그러하지 않을까. 인간의 삶이란 이처럼 "끝없이 밀고 당기는" 인력(引力)과 척력(斥力)의 긴장 위에서 펼쳐질 터이며(「중력과 척력」), 한 번 어두워졌다가[陰] 한 번 밝아지는[陽] 자연 또한 마찬가지다. "얼었다 풀렸다" 하는 날씨 변화도 대대(待對) 관점에서 이해할 수 있다는 것이다(「네가 날씨라면」).

이러한 대대 관계가 긍정적으로 작용할 때에는 사랑이 탄생한다. "이탈리아인 밥퍼 신부"와 "노숙자들", "백혈병 말기 일곱 살 정혜"와 "교통사고로 실명한 옆 침대 아저씨" 사이의 인연을 노래한 「관계」가 이를 보여준다. 형이상학의 수준에서 그 사실을 담담하게 진술할 때는 "시간의 얼굴은 바람과 풍차의 관계"라는 인식으로 드러난다

(「시간은」).

허나 『카르마의 비』에 실린 이러한 계열의 작품들은 대부분 무거운 방향으로 흐르고 있다. 앞에서 살폈듯이 시인에게 삶이란 기운생동의 장이 아니라 "백골의 계절"에 지나지 않기 때문이다. 가령 「중력과 척력」과 「네가 날씨라면」을 통하여 "인연의 티끌에서 사랑이 탄생하고"와 관련된 요소가 확인되지만, 그 세계는 기실 만물생생과 거리가 멀다. 「중력과 척력」의 경우에는 관계의 형식만 남아 "끝없이 밀고 당기는/ 그대와 나/ 이 몹쓸 무한대의 그리움"의 감정이 전면을 차지하고 있으며, 「네가 날씨라면」에서는 화자인 '나'가 자연의 변화 바깥에 자리를 잡은 탓에 오히려 대조되는 양상으로 치닫고 있기 때문이다. "너는 너를 날씨라고 **하지만**/ 나는 나를 먼지라 하네"(굵은 글씨 강조-인용자) 그러니까 "우울의 재" 한가운데 자리를 잡은 시인의 존재[一]가 워낙 무거워서 관계의 형성[二]으로 나아가더라도 쉽게 만물생생[三]의 활력을 확보하지 못하는 것이다.

바로 이 대목에서 주목할 시가 「못을 박으며」이다. 이 시에는 단독자로서의 존재에 관한 물음과 관계맺음에 관한 인식이 모두 포함되어 있으며, 시인이 어찌하여 존재의 형식 문제로 나아가게 되었는가를 해명할 단서가 들어있기 때문이다.

못은
박히기 위해서든
뽑히기 위해서든
온몸으로 아파야 한다
쓸모없이 버려진다 해도
하다못해 신발이나
바퀴라도 뚫고 빠지며
숙명에 충실해야 한다

값싼 액자라도 하나 걸려야
벽이 벽다워지고
집이 집다워지듯
우리에게도 너의 탄생과
나의 탄생을 이어주는
못과 같은 그 무엇 있어야 한다

박히느냐 뽑히느냐
못의 운명을 결정짓는 장도리와
장도리를 쥔 나의 손은
그래서 순리의 역행이고
역행의 순리이다

지금 나는

못인가

장도리인가

그 둘을 잡은 손인가

—「못을 박으며」 전문

제1연에서 '못'은 우선 단독자의 면모로 제시되어 있다. 못에는 나름의 숙명이 있으며, 그 숙명을 감당하기 위해서 못은 "온몸으로 아파야" 한다. 설령 "쓸모없이 버려진다 해도" 주어진 숙명의 엄숙함은 변함이 없다. 그래서 버려진 뒤에도 못은 여전히 "숙명에 충실해야" 하는 것 아니겠는가. 그렇다면 대체 그 숙명이란 무엇을 가리키는 것일까. 제2연에 이르러 단독자로서의 '못'은 관계의 매개체로 모습을 드러낸다. 그러니까 "너의 타성"과 "나의 타성"을 가로질러서 "우리"로 만드는 사명이 바로 못의 숙명이라고 하겠다. 이렇게 못으로 상징되는 관계 안에서 각각의 존재는 비로소 그다울 수 있다. 못이 있어야 "벽이 벽다워지고/ 집이 집다워지듯이" '너'도 '나'도 '우리'라는 관계 안에서 너다워질 수 있고, 나다워질 수 있다는 것이다. 이렇게 파악한다면 「못을 박으며」의 제1연과 제2연은 앞에서 분류한 ㉠ 시인의 존재[一], ㉡ 관계 맺음[二] 두 계열의 시편들에 대응한다고 이해할 수 있다.

그런데 어떤 장애물에 가로막혀 숙명으로 받아들이는 바의 수행이 어려워졌을 때 문제가 발생한다. 물론 그 장애물이란 정치경제적인 혹은 사회적인 조건에 관계될 터이나, 심리 측면에서 그 양상이 불가역적으로 다가설 경우에는 단독자의 운명을 좌지우지하는 외부의 절대적인 힘을 설정하는 데로 빠질 수 있다. 제3연의 "박히느냐 뽑히느냐/ 못의 운명을 결정짓는 장도리"는 이러한 맥락에서 출현하는 듯하다. 자, 시인은 자신이 감당해야 할 나름의 사명을 엄숙하게 안고 있다. 그 엄숙함에 부합하여 역할을 감당하고 있다면 아무런 물음도 필요치 않겠지만, 그 길이 봉쇄되었을 때 스스로에게 존재 방식을 묻게 된다. "지금 나는/ 못인가/ 장도리인가/ 그 둘을 잡은 손인가" 이를 다시 지금까지의 분석과 연결시켜 이야기하건대, 숙명을 감당하지 못하는 단독자로서의 '못'은 "우울의 재" 속에 파묻힐 수밖에 없다. 단독자와 단독자의 '관계'를 의식하더라도 이는 단지 의식 속에만 갇혀 있을 터이니, 오히려 불임(不姙)의 상황만이 더욱 불거질 따름이다. ㉡ 계열의 시편들이 활력을 잃고 있는 까닭은 이러한 맥락 속에서 추론하게 된다.

여기서 한 걸음 더 나아간다면 김석교가 존재의 근원적인 존립 형식을 따져 들어가는 이유도 어느 정도 이해할 수 있게 된다. 지금 '못'으로서의 시인은 자신의 운명을 쥐고 흔드는 보이지 않는 거대한 힘 '장도리'에 짓눌린 형국이다. 여기에 형이상학적 방식에 입각하여 펼치는 대응이 존재의 형식을 확인하는 의식으로 현상하는 것 아닐까. 여기서 대응이라고 함은, 사명이라 믿고 있는 바를 수행하지 못하는 까닭에 파생하는 존재자의 우울을 끊임없이 되씹는 한편, 사명을 포기하지 못하여 어떤 관계로부터도 스스로를 격리시키는 측면을 가리킨다. 결국 이는 스스로를 유배시키는 셈이 되는데, 그런 점에서 시인은 무간지옥에 갇혀있다고 할 수 있다. 표제작 「카르마의 비」의 제2연이 이를 보여준다. 자 보라, "아직도 길을 내지" 못하여 어찌할 도리 없이 "세차게 쏟아지는/ 카르마의 비" 속에서 온몸 젖어가며 자책하는 "생각여행자"의 모습을.

저 회색구름 슬프고
억울했던 이
저 노을구름 기쁘고
행복했던 이는 아닐까
먹구름은 머리 위에 낮게 깔리고
순백의 구름 이상처럼 까마득하다

삼업의 죄를 오늘도 짓고 있는

전생구름과 현생구름의
뜨겁고 어두운 이합
싸늘하고 거친 집산

생각여행자의 꿈뿐인 머릿속
나는 아직도 길을 내지 못한다
더는 시간이 없다고 벼락 치며
세차게 쏟아지는
카르마의 비

—「카르마의 비」 전문

3. 코카서스 바위에 묶인 프로메테우스

「카르마의 비」가 내리는 세계에는 봄이 깃들지 않는다. "사월이 와도 바람이 먼저/ 채 피지 않은/ 꽃봉오리를 흔들어" 떨어뜨리고 마는데, 이러한 봄을 봄이라 할 수 없는 것이다(「춘래불사춘」). 그러니 계절을 감당하기 위해서는 그저 인내할 수밖에 없다. "꽃 진 상사화만 앙상한 댓살로 봄을 버티고 있다"(「폭우」). 날씨로 표현하자면 해무가 짙게 끼어 "물새 한 마리 날지 않는 날"이라고 하겠다(「해무의 날」).

이렇게 춥고 암담한 나날을 보내는 가운데 시인 김석교가 프로메테우스를 호출하고 있는 대목이 관심을 끈다. 시집을 관통하고 있는 카르마(karma, 業)가 어디서 기원하고 있는지 파악할 만한 단서로 다가오기 때문이다. 익히 알려져 있듯이, 프로메테우스는 제우스에게서 불을 훔쳐 인간에게 전해주었다는 죄로 인해 코카서스의 바위에 묶여 날마다 독수리에게 간을 파 먹히는 형벌을 받은 존재다. 이때 프로메테우스가 반신반인(半神半人)을 상징하는 티탄이라는 사실을 염두에 둘 필요가 있겠다. 그는 신을 이길 수는 없지만, 미래를 내다볼 수 있는 능력에 기대 감히 신과 맞서서 새로운 질서를 예감할 수 있었다. 그래서 그는 혁명가 마르크스의 상징이기도 하다.

프로메테우스를 원망하는 것으로 보건대, 시인이 숙명이라 여기고 있는 바는 프로메테우스/마르크스가 일찌감치 보여주었던 미래 사회의 어떤 형상과 관련이 있을 듯하다. 즉 '우리' 안에서 '너'가 너다워지고 '나'가 나다워질 수 있는 세계를 프로메테우스/마르크스가 계시한 바 있고, 그 계시를 좇아 나아가고자 하였으나 그 길이 좌절되면서 시인은 "백골의 계절"을 맞이하게 되었다는 것이다. 인간을 대표하여 시인은 「프로메테우스의 성냥」을 통하여 프로메테우스에게 항의한다. "그대는 성냥불 장난이 재미나/ 성냥갑이 다 비도록 켜댔다"(제1연), "사실 그대는 성냥불이 켜지는 순간의/ 폭발적 오르가즘을 즐겼을 뿐이다/ 신의 성냥을 훔쳐 불장난을 한 것뿐이다/ 그렇지 않으냐"(제4연). 이 순간 다른 세계를 향한 꿈은 가엾은 성냥팔이 소녀가 추위에 오들오들 떨며 성냥불 속에서 바라보는 자기만족의 환상 층위로 굴러 떨어지고 만다. 반인반신의 존재에게서 신성이 제거되어 거짓 선지자로 고발당하는 것도 바로 이때다.

항의하는 인간을 향하여 프로메테우스의 입장에서도 할 말이 있다. 「프로메테우스의 눈물」에서 울리는 목소리를 들어보라. 미래를 내다보는 그는 "분노의 바위기둥에 묶이고/ 삼천 년을 어둠의 독수리에 쪼이고 파먹혀/ 매일 매일을 죽고 살아"나면서도 일찌감치 "지평선을 달구는 태양의 불로/ 끝없이 일어서며 해방을 선포"하였다. 그런데 왜 그러한 순간은 찾아들지 않는가. 인간, 문제는 인간에게 있다. "쇠사슬이 나를 지배해도 저항으로 사는 동안/ 암흑의 심연에서 잉크로 내 머리를 감기던 자/ 광명을 폭력으로 변질시켜 놓은 자 누구인가/ 이제 다시 영원한 암흑을 불러오리라". 결국 프로메테우스는 인간에게 불을 전해주기 이전의 시절로 돌아갈 것이라고 저주를 퍼붓는 한편 인간을 벌하고자 "목마른 사막과 불타는 태양에서 스스로 나를 해방"하였다고 선언하기에 이른다. 이때의 프로메테우스는 인성을 벗어던지고 심판하는 신의 자리에서 분노의 판결을 내리고 있는 형상이다. 이로써 프로메테우스와 인간은 서로 결별을 맞이하게 된다.

인간이 프로메테우스에게 항의를 하든지(「프로메테우스의 성냥」) 프로메테우스가 인간을 단죄하든지(「프로메테우스의 눈물」) 현실은 변함이 없다. 어떤 경우로 흐르더라도 삶은 여전히 '무간지옥에서 보내는 한 철' 일 수밖에 없다는 것이다.

시집 『카르마의 비』의 대체적인 분위기는 그래서 무겁고 암울하다. 그래도, 소재로 파악했을 때 상대적으로 최근에 쓰인 듯한, 「다시, 운동화다」라든가 「담배에 관한 추억」의 경우에서는 새롭게 길을 나설 가능성이 엿보이기도 한다. 해군기지가 건설되는 제주 강정마을의 상황을 대하며 "다시 연약한 희망의 불을 켠다"라고 마음을 다잡는 고습(「다시, 운동화다」), 노무현 전 대통령의 죽음 이후 "꺼졌던 촛불들 되살아나며/ 마침내 수백만의 꽃잎들이" 피어나더라는 진술이 이에 해당한다(「담배에 관한 추억」). 여기 등장하는 '다시', '되살아나는' 이라는 시어는 사명 이행의 재개를 암시한다.

그래서 시집의 첫 번째 시 「가지 못한 길」에서 시인은 "바람 속 먼지로 날리기 전/ 가야 할 길이" 여전히 자신 앞에 놓여 있음을 천명해 놓은 것일까. 아무런 기약도 없이 "차례가 되면 조용히 일어나/ 문밖으로 나갈 뿐"이라고 결연함까지 덧붙여 놓은 것일까. 이후 김석교 시인의 새로운 시편들은 아마도 그 길 위에서 펼쳐지기 시작하지 않을까 싶다. 그때 『카르마의 비』의 형이상학적인 진술은 구체적인 형상을 얻어 다채로워질 수 있을 것이다.